若手教師のための
一斉授業入門

多賀一郎 著

黎明書房

一斉授業は，全ての基本

　当面は，三密を避けるということを考えながら，授業をしていくということになりました。

　そうなると，しばらくは子ども同士が対面して話す対話的な授業はお預けになります。子どもたちが教師を中心とした授業を受けるという一斉指導の形が中心となるのです。

　そうなったとき，これまで対話やグループでの活動を中心に授業を仕組んできた先生方には，戸惑いが生じます。一斉指導形式の授業に慣れていないからです。

　一斉指導のための技術や，授業成立のためのポイントなどが，身についていません。

　一斉授業は，子どもたちを深く思考させていくことにも向いているし，基礎学力を全体的に底上げしていくことのできるものです。

　しかし，一斉授業では，授業者の上手下手が露骨に出ます。下手な授業をしていると，子どもたちは机を触ったり，練り消しゴムを作ったり……と，様々な否定的反応をしてきます。授業のまずさを露骨に教師につきつけてくるのです。

一方，協同学習は，それなりに活動しているように見えるために，子どもたちに力がついているのかどうかが把握しにくくなります。一斉指導で培った力は，実は，協同学習をするときにも，大きく活用できるものなのです。

　本書は若手に向けて，一斉授業の基本を語るものです。協同学習が可能になったときにも活かせる技術を身に着けませんか？

多賀一郎

▌目 次

第1章

45分間，子どもが 聞いてくれるための 話術とテクニック

子どもたちはおそろしく飽きやすい。

先生の話なんて，最初のうちだけしか聞いて くれない。

どうすれば聞いてもらえるのか？

ちょっとした工夫で，些細な手立てで，子ど もたちを聞かせるのだ。

聞く子どもにするために

子どもたちがどんなときに聞かなくなるかを考えましょう。

■ 間延びしたときです。

若い先生方は大概話すテンポが悪いようです。

丁寧で細かく，優しい指導をするからです。多くは親切心からくることです。

それは，子どものことを思う教師として大切な資質ですが，一斉指導で頻繁に間をとっていると子どもたちは集中できなくなっていきます。

テンポよく進めていって，ついてこられない子どもたちには個別にアプローチするという考え方がよいでしょう。(だいたい，ついてこられない子どもは，ペースを落としてもついてこられないものですよ。)

子どもたちのほとんどが真剣に課題に取り組んでいるときは十分に間をとって考える時間を確保します。

でも，なんでもかんでも間をとっていると，子どもたちはだらけてくるということです。

■ 緊張感がなくなったときです。

「手を挙げなければ指名はされない。」

「順番に行くとＡさんの番だから僕は当たらない。」

等と思うと，集中は途切れます。

特に当たり前のことを指導しているときにはそうです。

従って，順番に当てていきながら，突然，油断していた子どもに当てるとか，手を挙げていなくても指名するというようなことをします。

すると，

「この先生は，いつ自分を指名してくるかわからないぞ。」

という緊張感が生まれます。

■　話が面白くないときです。

まず，長話は，よほど面白いことでないと，子どもたちは聞かなくなっていきます。

常に短い話をするという発想が大切です。

さらに，ユーモアのある話は，子どもたちを笑わせてリラックスさせることができます。

ちょっとしたユーモアやギャグを入れ込むことが，緩和することにつながるでしょう。

緊張と緩和の両方が，一斉指導をスムースに進めていきます。

02 聞かせるためには，テンポが大事

　テンポってなんでしょう。

　授業のテンポって難しいのです。同じ調子でぽんぽんと進めていくことが基本です。

　全員をきちんと聞かせられれば最もよいのですが，そのために，一人一人の子どもが理解するまでとか，全員が書き終わるまでとか，待ってしまいます。

　ところが，その間に早くできた子どもたちがだらけてしまいます。

　残念ながら，一斉授業をしながら全員を同じレベルにもってくるようにしていくことは，若手には無理なことでしょう。

　だから，テンポを優先するのです。

　個々への対応は，後からでいいのです。

　まずは，テンポを優先しましょう。

　テンポの良い授業とは，間によけいなことを入れない授業です。

　あるとき，子どもたちに若い先生が

「宿題を忘れてきた人は，立ちなさい。」

と，問いかけました。

　５人の子どもたちが立ちました。

　それから，少しの間，お説教の時間になりました。

　後で，その先生に問いかけました。

　「いつから，子どもたちが聞かなくなったのか，分かりますか？」

　しばらく考えた後，

　「うーん。宿題の話をしたときからですかね。」

と言うので，

　「そうです。37人の子どもたちがいて，立ったのは5人だけでした。残りの32人の子どもたちは，宿題をしてきているのだから，そこからの説教は聞かなくてもいいんですよね。だから，みんな別のことをし始めました。その後でいくらがんばっても，もう多くの子どもたちは聞く体勢にはなれなかったんですよ。」

と，話しました。

　さらに，

　「ではその5人は明日，宿題をしてくると思いますか？」

と聞くと，

　「してこないだろうと思います。」

と言うのです。

　「では，なんのために授業をつぶしてまで時間をとったのか，分かりませんね。」

と笑いました。

　聞くためには，全員が聞ける話をしていかねばなりません。

　そして，何よりも，授業をテンポよく進めていくためには，不要な叱責や注意は控えるべきなのです。

03 話には緩急が必要

　平坦な話し方をしていたら，聞けないのは当たり前です。

　かといって，意味のない抑揚は，

「なんなの，それ？」

という感じで，子どもたちが白けてしまいます。

　たとえば，算数で教科書を使って同じような問題を解いていくときってありますよね。これって，だれるパターンでしょう。

　何問かしていくうちに，緊張感のなさを感じたら突然大声を出します。

「第三問！！」

と大声で言えば，目が覚めるでしょう。でも，同じパターンは何度も使えません。

　ときには，「ジャンピング・クイズ！」と，飛び上がって叫びます。

　子どもたちは「何事だろう？」と集中します。でも，やってみたら，当たり前の問題なのです。

「なんだ，どこがジャンピング・クイズなの？」

と言うので，

「今，先生がジャンプしながら言ったから，ジャンピング・クイズ」

と，返します。

　これで，しばらくはダレた感じが無くなりますよ。

正しい「言葉づかい」とは

教師は正しい言葉づかいで話さなければなりません。

ちゃんとした言葉づかいの先生と，言葉をきちんと使えない先生とでは，どちらが子どもや保護者に信頼されるでしょうか。

では，正しい言葉づかいとは，どういうものなのでしょうか。

> ■　ていねいな言葉をつかうことです。

基本は「です」「ます」調のていねいな言葉です。特に授業中は，それを心がけましょう。

できるだけ標準語を使って，子どもたちとていねいに話しましょう。

・「教科書を開きましょう。」

・「ここからは，自分たちで考える時間です。」

・「はい，話し合いは，あと一分で終わりにします。」

> ■　切り替えることです。

ていねいに話すと言っても，子どもたちと遊んでいる最中までていねいな言葉づかいだと，かえって変です。少し子どもたちに近い言葉づかいでもかまわないと思います。遊んでいるときには，教師は「遊び仲間」でよいのです。

「吉田くん，パスを送りますからね。」

「井之上さん，今のシュートはおしかったですよ。」

そんなことを言いながらサッカーしたら，おかしいでしょう。

　鬼ごっこをしているときに

「はい，良子さん，タッチしましたよ。あなたが今から鬼です。」

と言われたら，変な気持ちがしませんか。

　切り替えが必要なのは，こうした遊ぶ時間と授業との間ですね。子どもたちと楽しそうに話していても，授業になれば，言葉づかいをすぱっと切り替えるのです。

■　子どもに敬語を使わないことです。

　子どもに対して

「青木君，〇〇をしてくださいますか。」

というような敬語表現を使う先生がいました。ご本人はそれが良い事だと思っていたのでしょうが，子どもに敬語を使う先生には，決して子どもたちから信頼の声は聞かれませんでした。

　権威をふりかざしたような偉そうなものの言い方は感心しませんが，教師と児童生徒との関係なのだから，少なくとも先生から子どもに敬語で話すのは，マイナスだと思っています。

　子どもへの目線を下げることと，子どもに敬語で話すこととは，全く別の次元のことなのです。

 「話し方」と表裏一体である 「聞き方」

　「話す」と「聞く」は，よくセットで語られます。

　話すときには，必ず聞く相手がいるからです。聞き手を意識すると同時に，聞き手からの声を聞き取らなくてはなりません。

　まずは，教師自身が子どもの声を聞くことです。子どもたちはさまざまな形で自分たちの思いを表現しています。挙手発表だけが子どもの思いの表現ではありません。

　「なんでかなあ。」

　「違うと思うけど……。」

というように，ぼそりとつぶやくときもあるでしょう。そのつぶやきを拾えるかどうかが大きいのです。つぶやきには，子どもたちの本音が漏れだしていることが多いからです。

　難しいのは，つぶやきだらけの教室になると，雑然としてしまう事にあります。その辺りを臨機応変に対応できるかどうかが，子どもの声を聞き取れるかどうかの一つのポイントになります。

　ノンバーバル，つまり，非言語での表現も聞き取らなくてはいけません。子どもたちは言葉で表現するとは限らないからです。子どもが発するさまざまなサインを読み解きながら話すのです。

① 視線

　当然ですが，聞けない・聞きたくない状態になったら，子どもたちの視線は教師に集まりません。視線はいろんなところをさまよいます。

　この状態でも，同じように話し続けるというのは，「とりあえず，言うべきことは言った」という教師の自己満足にすぎません。

　そういうときは，一度，違う話にふったり，声に強弱をつけたりして，子どもたちの注意を喚起することが必要です。

② 表情

　子どもたちに自分の話がどう伝わっているのかは，表情を見ていれば，分かります。つまらなそうな顔をしていたら，話し方か話の内容のどちらかに問題ありです。

　また，真剣な表情だと，こちらの話に心が惹かれているということが分かりますね。

③ 姿勢

　教師の話がつまらないとき，聞きたくないときは，子ども達は後ろにもたれ気味になります。「身を乗り出す」という言葉がありますね。これは，興味関心を惹かれて，身体が言葉通り前のめりになることです。こういうときは，子ども達に話はどんどん伝わっていきます。

子どもが言うことを聞かないのはなぜ？

■ 子どもには理由がある

　子どもが何度言っても聞かないとき，どんな理由があるのでしょうか。

①　先生のことが嫌いだから，話が聞けない。

　子どもに嫌われないために子どもに媚を売る必要は全くありません。逆に，そういうことをすれば，かえって子どもたちは先生を嫌うものです。

　しかし，子どもに好かれる努力というのは，するべきだと思います。

　人格的に嫌われたら，実際のところ，どうしようもないのですが，話し方を子どもが嫌がる場合もあります。子どもたちは，ともかくさわやかな話し方が好きですから，そういう話し方を意識しましょう。

②　話されたことは，自分には無理なことと思っている。

　これは話す内容の問題です。

　「どうせ自分には無理な話だね。」

と，思わせるような話は，聞けなくなります。

無理なことというとらえ方だけではなくて，自分に関係のないよそ事だととらえてしまうと，話は聞けませんね。先生の話すことを，いかにして子どもの関心に変えられるかが，ポイントです。

③　どうせ同じ話だろうと聞き流している。

　いつでも同じようなことしか話せない先生がいます。そういう方は，だいたい，注意ごとばかり話します。子どもたちは，始めから聞く気がしなくなります。やはり，話すときに，
「今度は何を話すんだろう？」
と，子どもたちが興味を抱くような話をするべきです。

④　先生の話すことの意味が理解できない。

　教師は，話すときは，常に子どもたちのレベルを考えなければなりません。先生の話の意味が分からないというのは，言葉が難しかったり，子どもたちの語彙になかったりするときです。

⑤　何度も言う必要のある子どももいる。

　いわゆる自閉症スペクトラムやグレーゾーンと言われる子どもたちの存在は，年々，学級で大きなものになってきています。
　決めつけてはいけませんが，そういうグレーゾーンの子どもたちの中には，何度も言わないと理解できないという特性のある子どもがいます。この場合は，その子にだけ個別に指導しなければなりません。

07 使ってはいけないNGワード

◆ 「静かにしなさい」

　こう言わないと静かにならないのは哀しいことですし，こう言っても静かにならなかったら，全く意味のないことです。「静かにしなさい」というフレーズを出さなくても，静かにしてほしいものですね。

　ときどき，

　「黙って立っていたら，子どもが静かにするものだ。」

とおっしゃる先生がいます。確かに，その先生が黙って立っていたら子どもたちは静かになっていきます。しかし，それはその先生が何らかのヒドゥンカリキュラム〔＝潜在的教育効果〕を持っているからなのです。

　何も持たない若手の教師が丸腰で子どもの前に立って黙っていても，子どもたちは決して静かにはしてくれません。そんなに甘いものではないのです。

　では，どう言えば，静かにしてくれるのでしょうか。

　実は静かにさせるための決定的な話し方はありません。僕はどうしていたかという話をします。

　まずは大きめの声をしっかり出して話し始めるのです。やはり，雑然としているところで，ぼそぼそと小さな声で話し始め

ても，聞こえませんよね。

　そして，当たり前の分かりきった言葉は使わないように心がけていました。

「そうじはまじめにしなさい。」

「人を傷つけてはいけません。」

「ていねいにやりなさい。」

　分かりきった当たり前の言葉ですよね。これを聞いた子どもたちが

「そうだなあ。やめておこう。」

と思えるとは，とても考えられません。

◆　口をはさむこと

　これはフレーズではないけれども，他の先生が子どもの前で話しているときに，横から口をはさむのはＮＧどころか，厳禁です。

「田中，姿勢が悪い！」

「鈴木！　どこ見てる！」

　こういう言葉で同僚の話をさえぎり，大声の注意をするような先生もいますが，僕は認めません。

　前で話している同僚をディスカウントすることに他ならないからです。

　気になる子どもがいたら，そっと近づいて背中を軽くたたくとか，目で注意するとかすればよいのです。

◆　「私は君たちの将来を考えて言っているんだ！」

こういう種類の言葉を口にする先生を，時々見かけます。

こういうのを，恩着せがましいと言うのですね。

こんな言葉を言われたとき，高学年以上の子どもたちは

「放っておいてくれ。オレの将来は，お前に関係ないやろ。」

と，心の中で思うのです。

「先生は，僕たちのことを考えておっしゃって下さるんだ。」

等と考える高学年以上の子どもなど，ほとんどいないと言って

よいでしょう。

子どもたちの将来を真剣に考えてくれる先生の思いは，口に

しなくても子どもたちは分かるものなのです。

◆　「分かりましたか？」

どんな場合にでも，この言葉を出すことには，全く意味はあ

りません。

しかし，よく耳にするフレーズですよね。教師がつい，使っ

てしまうフレーズの代表みたいなものです。

そこで子どもが

「はい。」

と返事をしたら，分かっていると判断するのでしょうか。

分かっているかどうかは，その後の子どもの行動によってし

か分からないのです。

「繰り返し」は何度まで？

　基本的には，繰り返しは無しでいくべきです。

　「一度だけ」で話を通すようにこころがけましょう。

　聞いていそうもないからと何度も言うと，ますます話を聞かなくなります。人は，繰り返して言われることを嫌います。

　覚えるために繰り返すことはあります。暗記のための反復練習は必要なことです。

　しかし，理解するということは，繰り返さずに，一発で子どもの心に届けないと，逆に難しいものなのです。

　繰り返して話さないためには，話すタイミングが重要になります。

　子どもが聞いているかどうかも分からないざわついた状態で，どんどん話していってしまうと，繰り返さないといけないような気持ちになってしまいます。

　話し始めて，なおもざわついているとき，一瞬，黙ってみて下さい。子どもたちは，

　「えっ？　どうして先生，途中で黙ってしまったの？」

と，教師の方にぐっと注意が傾きます。

　それから，おもむろに話し出せばよいのです。

子どもたちが退屈する理由

A　話の内容がつまらない

　分かりきった内容をだらだら話されると，退屈するのは当然です。当たり前のことばかり話されると，つまらないですよね。話というものは，中身が大切なのは言うまでもないことです。

　では，どうすれば中身のある話ができるのでしょうか。それは，新聞を読むことが有効です。ネットのニュースでもいいのです。

　即時性があり子どもたちも興味のありそうな話題を，常に探して持っていると，話のネタになります。

B　話し方に面白みがない

　メリハリのない話し方は聴いていられません。単調な話し方は，眠気を誘います。どこかに面白さを入れましょう。ギャグや冗談も意図的にはさみながら話すことです。

　声の調子を変えてみたり，声の大小にも工夫が必要です。

　そういうことが，苦手な人はいます。

　そんな人は，落語を聞いたり，漫才やコントを見たりして，「笑い」を学びましょう。

C 話の展開が面白くない

　筋道を考えずに話すと，退屈します。起承転結とまではいかなくても，せめて，どこに話を落としていくかということは，考えておかないと，だらだらと話しているだけ，ということになります。

　展開をきちんと持つためには，書くことです。まとまった話をするときには，話す手順だけでもよいから，メモ程度に書きましょう。話す項目を並べて書くだけではなく，どの順番で話すかを考えて，メモに番号を打ちます。

　いつも展開を意識しているだけで，話が聞きやすくなっていきます。

D 話し手（先生）のことが嫌い

　「嫌いな人」の話は聞けません。退屈とか内容とか以前の問題です。

　子どもに嫌われるということは，聞いてもらえなくなることで，あらゆる教育活動に影響することなのです。

　ただし，子どもに好かれるために子どもに媚びるような言動は慎みましょう。子どもたちは自分たちに媚びてくるような教師は，さらに嫌います。

⑩ 「間」の取り方

　「間の取り方」が上手にできるようになったら，一流の話し手です。「間の取り方」は，なかなか簡単に上達するようなものではありません。

　なぜなら，話の中身や聞き手のムード，年齢等によって，「間」も使われないといけないからです。

　話の名人は，「間」だけで聞き手を惹きつけます。「間」の抜けた話し方は，聞けたものではありません。話の名人の具体例は，落語家さんです。落語を聞きましょう。落語家は，「間」だけで人を笑わせることができます。

　落語を聞いているだけで，「間」を学ぶことができます。

　では，どうやって「間」を取ればよいのでしょうか。具体的に考えてみましょう。ここでは二つのポイントをあげたいと思います。

■　聞き手が反応している時間は話さない

　たとえば笑うようなことを言ったときに，どっと笑うかくすくす笑うかは別にして，聴衆の笑っている時間というものがありますよね。

　話し下手の人は，次に話すことばかり考えているので，まだ

聞き手が笑っているのに，次の話を進めてしまいます。

　せっかく笑ってくれているのだから，その間は待たなければ
いけないのです。

　笑いだけでなく，聞き手は話に対して何らかの反応をするも
のですから，その反応の時間を待つことが必要です。

　その待っている時間が「間」になります。

■　接続詞の後に間を取る

　僕の独特のやり方かも知れませんが，「しかし」や「だから」
といった接続詞の後に「間」を取るようにしています。

　接続詞はメッセージ性の強い言葉です。「つまり」といえば，
まとめの言葉だし，「けれども」といえば，反対のことを今か
ら言いますよというメッセージを与えます。

　その強い言葉の
直後にほんの少し
時間を取ることに
よって，次の話へ
の「間」が生まれ
るというわけです。

第2章

一斉指導のポイント

　一斉指導には，ポイントがある。
　コツと言ってもよいだろう。
　それをつかんでいる先生とつかめない先生とは，雲泥の差ができてしまう。

01 最初に発する言葉が重要

　先生が前に立って話し始めると，子どもたちはしんとして黙って集中して聞く，等ということは決してありません。今どきの子どもたちは，初めから全員が集中して聞くということはありません。

　そんなに甘くはないのです。

　聞かせるためには，そのための手立てがいるのです。

　まずは，第一声。最初に発する言葉です。

　これを工夫しないと，よほどの信頼関係が築けていない限り，聞いてくれませんよ。

　大声もときにはありですが，繰り返すと

「うるさいなあ。」

と思われるのが落ちです。

　授業につながるような第一声をうまい言葉で発することは，若い先生には大変でしょう。

　とりあえず，何か子どもの心を引くようなことを言えればいいのです。

　教科なんて関係なく，子どもたちが興味を引くような話題をたくさん用意しておきましょう。

　新聞やらネット等から，パクってきたらいいのです。

　若手はパクりありです。

　ただし，SNSに自慢げに投稿したりするのはダメですよ。

02 手作業にはどのように対応するのか

　子どもたちは，どんなに良い授業をしたとしても，日がたつにつれてダレてくるものです。

　授業中の手作業が増えます。

　まずは，必要最小限のもの以外は机に置かせないことです。目の前にあるから，触りたくなるのですから。

　授業の準備と称して，全てのものを机に置いてから遊びに出なさいと指導する方がいらっしゃいます。

　本当に授業中に使うものなのかどうかを吟味して並べているのならよいのですが，たとえば社会科で，教科書，資料集，ノート，ワークシートのファイル，地図帳，ワークなどを積み上げているのを見ると，

　「これ，全部使うのか？」
と言いたくなります。

　机の上は最低限のものだけでよいのです。筆箱だって，使わないならば，机の中にしまっておけばよいのです。

　必要になったら取り出すだけでよいのではないでしょうか。

　それから，子どもが手作業始めたときに
　「こらっ！　いろんなものに触るな！」
等と叱りつけるのはレベルが低い教師のすることです。

　「アルバイトは禁止だよ。」

「ちょっとそれ，置いておいて，こっち見てごらん。」
というような言い方を工夫します。

　教室の「あの子」については，ずっと別のことをされたりしていると，正直イラつくときもあります。
　本には，
　「そんなときは，こうしたらいいよ。」
と書いてあって確かにその通りにしたら有効なときもあります。
　でも，人間教師は，神様のような寛大な心は持ちにくいのです。やはり，自分のコンディションが悪いと，ついついイラついてしまうということだってあります。
　ですから，ほかの子どもに影響ない程度のことだなと思ったら，見ないことです。
　見ると，注意したくなります。注意しても直さなければ腹が立ちます。声が厳しくなります。
　そんなふうに「あの子」とのやり取りが続きます。
　だから，教育的無視をするのです。

　一斉指導で全ての子どもたちを聞かせることは理想です。でも，若手にはきついことでしょう。ある程度は，自分に今は力がないとあきらめましょう。

　「ごめんね」と思いながら，ほかのところでその子を認めて大事にすればよいのです。

　さて，ほかにもアルバイトをやめさせる方法があります。

　その子どものそばまで行って授業をするのです。先生がすぐそばに来て授業されたら，さすがに授業と関係ないことは続けにくくなりますよね。

　ただし，これは濃厚接触になるかもしれませんね。（笑）

　また，隣同士でおしゃべりをしていたら，その二人の間に立ってしばらく授業を進めることも有効な手立てです。

　先生が自分たちの間に立ってずっと授業をしていたら，さすがに子どもたちも

　「自分たちのことを注意しているんだな。」

と気づくでしょう。

　また，ほかの子どもたちに対しても

　「こんなふうにおしゃべりしていたらだめだよ。」

というメッセージを送ることにもなるのだと思います。

03 教室の「あの子」にはどのように対応するのか

　教室にはいろいろな子どもたちがいます。

　昔の（昭和の）教師たちの多くは，集中できない子どもやイラつく子どもたちに対して厳しく叱責することで，抑え込んできました。ときには体罰まで使いながら……。本当にかわいそうなことをしてきたのだと思います。

　平成に入って，そういう子どもたちのことが次第に分かるようになり，教室の「あの子」として認識されるようになってきました。

　「あの子」たちには，いろいろな感覚の違いがあって，それが一斉での指導で妨げになっているということが分かってきたのです。

　しかも，力で押さえつけるような指導が，よけいに「あの子」たちの状態を悪くしていくということも，分かってきました。

　さらに，これからの教師たちは，暴力的な圧力をかける指導が許されなくなってきています。厳しく叱責したり，体罰をしたり，という単純な武器が使えなくなったということなのです。

　では，いったいどうしていけばよいのでしょうか。

　突然大声を発したり，立ち歩いたり，みんなと違うことを始めたりする子どもたちが学級の秩序を乱していくと感じたら，

腹が立ちます。イライラしますよね。

　つい，いろいろと言いたくなって口にしてしまいます。それが「あの子」を違う形で刺激してもっと状態が悪くなっていきます。先生とその子とのやりとりで時間が過ぎていってしまいます。

　教室のほかの子どもたちに目が行き届かなくなって，ほかの子どもたちが勝手なことをするようになっていき，次第にクラスが荒れていきます。

　まず，若い人の力だけではなんとかできないのだということを認識しましょう。

　そういう子どもたちをなんとかしてほしいと，先輩や管理職に訴えましょう。

　一人で対応できないのならば，誰かの力を借りることです。

　そして，「あの子」を絶対に否定しないことが大切です。理解しようと努めましょう。子どもの言動には，その子なりの意味があるのだということを忘れてはなりません。

　「自分にはうまくできないけど，ごめんね。」

　「この時間はだめでも，ほかのときにがんばってくれたらいいよ。」

　「みんなも，この子のことを理解してほしいな。」
というような気持ちで「あの子」と接しましょう。

　さらに，「あの子」との接点を探しましょう。

　「あの子」と仲良くなることができれば，少しは見えてくるものがあると思います。

04 子どもたち一人一人が活きる 授業にするには

　一斉指導の上手な先生は，授業中にとても忙しいのです。

　子どもたちの動きや発言に対して必要に応じてアドバイスしたり価値をつけたり褒めたり，フォローしたりと，なんらかの反応をしているのです。それができるために子どもたちのことを細かく観察しています。

　子どもたちは先生の対応の仕方によって意欲を高めたり失ったりしていきます。

　これをまるで子どもを操っているかのように否定する方もおられます。

　そうではありません。子どもたちを操っているわけではないのです。子どもたち一人一人が授業中に活きるためにはどうやったらよいのかを考えているということです。

　その中でも大切なのは，フォローです。

　よく『教室はまちがうところだ』という絵本などで，子どもたちに「間違ってもいいんだよ」というメッセージを贈られる方がいらっしゃいます。

　その考え方は間違ってはいませんが，実際には子どもたちはそうはいきません。

　人前で発表するには勇気がいります。高学年になればなるほど人の怖さも分かってくるのでなかなか間違う勇気は持てない

ものです。
「間違ってもいいんだよ。」
というメッセージだけでは，子どもたちは動けません。

　子どもの失敗を先生がどうフォローしたのかということが，
次の子どもの勇気につながります。しかし，
「がんばれ。」
というような露骨な応援は子どもの意欲にはつながりません。
　まずは，友達の発言を笑ったり聞かなかったりした子どもに
は注意をうながすことです。
　ここは大事なところで決して認めてはいけない言動は，叱ら
ずにしつこく制止しましょう。
　たとえば，
「先生は，そういうことは嫌なので，やめてください。」
と言えば，教師主語なので，言われた子どもも大きくきずつき
ません。
　子どもの発言を聞きながら，常にそのよいところを探します。
「その言い方，いいねえ。」
「うまいこと言うなあ。」
「なるほど，その手があったか。」
「おっしいなあ！」
と，さまざまな言葉を持っていると
「あの先生はいつも同じことを言ってるよ。」
とは，言われないでしょう。

言葉に詰まった子どもが出てきたら，
　「あー，ちょっと考える時間をとろうか。この問いは難しいものなあ。」
等と，いったん解放してあげることも大切です。一度止まったら，なかなか復活できないものです。

　ともかく，発表する子どもの悪いところを指摘する必要はないのです。常にポジティブにとらえて，お世辞でもいいから，子どもにエールを送るということをいつも考えましょう。
　失敗したってよいのです。
　そのうちに，うまく言えるようになっていくものですから。

　どうしても発表の苦手な子どももいます。
　そういう子どもには，発表のチャンスは常に用意しながらも，無理に話さなくてもいいという気持ちで臨みましょう。
　その子が書いたり書写したり問題を解いたりする状態をよく観察して，理解できていることを確かめましょう。理解できていたら，発表できなくても大したことではありません。
　分かっていても挙手できない子どももいるのです。

05 認めてはいけない子どもの言動にどう対応するか

　子どもたちは不規則発言をするものです。

　それはある程度までは認めてあげないと，授業はなかなかスムースに進みません。

　しかし，決して認めてはいけない言動というものがあります。

①　差別的な表現

　「女は黙っとけ。」

　「チビのくせにうるさいんじゃ。」

　「○○は口だすな。」（この○○というのは，「職業差別」「地域差別」「出自」「国籍差別」につながるような言葉です。）
というような言葉は，見過ごしてはいけません。その場で断固として

　「そういう言葉は使ってはいけません。」
と，毅然とした態度で示すべきです。

　「先生は，そのような言葉は絶対に許さない」という厳しい姿勢で臨むべきです。

②　ほかの子どもの発言に常に否定的発言をする

　これを許してしまうと，クラスのムードは悪くなります。しかし，こういう子どもは，何か別の意図があって言っている場合が多いものです。

「先生，僕も当ててよ。」

「授業がつまらない。」

というようなことでのメッセージかも知れません。その辺をよく考えないで注意ばかりしていたら，子どもの心も離れていってしまうでしょう。

　ともかく関わりたいのだということを考えて対応することです。たとえば，

「うん。だったら，君には何かいい意見があるんだろうね。言ってみてよ。」

というような切り返しが大切です。

③　くだらない冗談でクラスを紛糾させる

　授業内容と関係のない言葉を連発して笑っている子どもがいます。

　ほかの子どもたちが同調して，のっかってきてクラスのムードが楽しくないお笑いのモードになってしまいます。

　こういう子どもの言動には，まずは着目しないことです。そして，その子の言葉に変に反応する子どもには，

「それ，今，必要な事かな？」

と，指摘するのです。ほかの子どもたちを制止して孤立させてしまえば，くだらない冗談は，言いにくくなるのです。

06 子どもを伸ばす子どもの発言への対応の仕方

　子どもの発言にはいろいろと種類があります。失敗，言い間違え，勘違い，誤答など，さまざまです。少し解説を加えないと，ほかの子どもに伝わりにくいという発言もあるでしょう。

　また，発言するその子自身に必要な声掛けというものもあります。しょっちゅう手を挙げて積極的に発言してくる子どもと，なかなかそれのできない子どもとでは，フォローの仕方が変わるのは当然です。

■　「自ら」を「ジラ」と読み間違えたら

　指名音読させているときに，当てられた子どもが「自ら」を「ジラ」と読みました。子どもたちが笑いました。その子は真っ赤な顔になりました。

こんなとき，どうされますか?

　失敗を笑ってはいけないと，子どもたちを厳しく叱りますか?

　みんなと一緒になって，ミスなんて笑い飛ばしてしまいますか?

　「失敗は誰でもあることだ。失敗の許される教室にしていこう。」

と，話しますか？

　僕は，黒板に「自」と書いてこう言いました。

　「この字は，なんという読み方があるか，知っているかなあ。『みずから』の他に『自分のじ』，『自然のし』，『おのずから』『より』という読み方もあるんですよ。」

　失敗を学びに変えてしまったのです。

　低学年ならば

　「みんな，まちがってくれたおかげで，勉強になったね。」

というところですが，高学年ならば，そういう言葉は逆効果です。

　失敗をなかったかのように，ごまかしてしまうということです。

■　子どもが立ち往生してしまったら

　発言している途中で行き詰まってしまう子どもっているものです。

　その理由はさまざまです。

　発表することにものすごく抵抗が強くて，なかなか発表できないタイプ。このタイプがたまに勇気を出して発言しようとしたら，行き詰まって立ち往生してしまうことがあります。

　この場合は，少し待ってあげましょう。

　ただし，待っている間に子どもの表情が変わっていったり，泣き出しそうになったりしたら，
　「後で，言えそうになったら，また手を挙げてね。」
と言って，座らせましょう。

　ノリでみんなと同じように手を挙げたんだけれども，あまり深く考えていなかったので，当てられたら立ち往生してしまったというタイプ。
　「考えてから手を挙げろ！」
等と言ってはいけません。あんまり考えずに手を挙げたことが分かっていても，やはり，
　「うーん。じゃあ，もう少し考えてみて。」
ぐらいの言い方にとどめておくことが大切です。

■　書いてから発表させる

　子どもの発言をうながすためには，自分自身の考えがある程度まとまっていることが大切です。子どもにノートやワークシートに書かせることで，少し自信を持たせます。
　机間巡視してそれに◎をつけたり，
　「いいこと書いてるなあ。」
と評価言を与えたりして，発表しやすくするのです。

フォローを考える

　一つの発問だけで，全員の子どもがすっきりと分かるというのは理想ですが，なかなかそうはいきません。発問した後で様々なフォローを入れないと，子どもたちに伝わっていかないことがあるのです。

　授業がうまくいくためには，フォローということを，頭においておくことが大切です。

---

①　指示した後の行動を確かめる

　子どもに何か指示や発問を出したら，それが全員に正しく伝わっているのかどうかを見るのは，当然のことでしょう。

　でも，それをしている教師は案外少ないのです。決して難しいことではありません。

　たとえば，

「教科書の 36 ページを開けてください。」

と言ったら，全員が 36 ページを開いているかどうかを確認するだけのことです。

　指示したことが「言っただけ」になってしまっていませんか。言ったことを子どもが全員しているかを確かめることは，けっこう重要なポイントなのです。

②　子どもの表情を読む

　教師と子どもとの間にコミュニケーションの成立しているクラスでは，子どもたちが，分からないことは「分からない」と，聞こえなかったら「聞こえない」と表現してきます。

　教師はそれを受け取って，

「どこが分からないのかな？」

とか，

「先生の言い方が難しかったみたいですね。言い直しましょう。」

とかいうように，子どもたちに返すことができます。

　こういうコミュニケーションが成立するのは，実は，そんなに簡単なことではありません。

　細かくていねいな指導や助言を繰り返してきて初めて成立することなのです。せめて，発問や指示を出した後の子どもたちの表情をよく見てください。

　研究授業などを見ていると，先生が何を聞いているのか参観者ですら分からないのに，分かっていないはずの子どもたちは何も言わずに作業を進めていく，という姿に出会うときがあります。

　よく見ていると，適当に考えてする子どもが数人いて，他の

子どもたちは，その動きを見ながらまねているだけなのです。まねること自体は良い事なのですが，先生の発問が分からなくて，友達のしていることを見よう見まねでしているだけの姿は，学習者としてどうかな？　と思います。

　「子どもたち，分からない表情をしているな」とか「なんか反応悪いよなあ」とか「どうしてあんな表情になったんだろうか」等と子どもの反応から読み取ろうとしてください。
　それが，発問や指示の不備を補っていきます。

　教師は常に子どもの表情を読まなくてはなりません。僕はいつも，
　「子どもの空気を読めないお笑い芸人と教師は，大成しません。」
と，言い続けてきました。

　その空気は，普段の子ども観察からしか読めません。空気を読むというのは，才能ではないのです。子どもたちの表情，特にふだんの表情をよく観察していると，自然と子どもの空気が読めるようになってくるものなのです。

③　動作・表情は，重要なポイント

　ここで言う動作・表情とは，教師のノンバーバル（非言語）で伝わるもののことです。

　教師は，基本的に笑顔であるべきですが，主人公の苦しみを深く読み取るときに，明るく楽しい表情では，おかしいですよね。

　発問にあった表情というものがあります。

　また，教師の表情が穏やかであればあるほど，子どもたちは落ち着いて考えることができます。早く考えさせて次に進みたいというときでも，穏やかな表情であるべきだと思います。

　そして，発問や指示を出すときの，動作というものも，少しは意識しましょう。

　腕を組んで突っ立っているような姿は，子どもにとって，うっとおしいものです。

　教師にはパフォーマンスも必要です。テレビのバラエティ番組に登場する司会者は，言葉だけではなく，いつもなんらかの動作で視聴者に訴えています。一見，おしゃべりしかしていないように見えても，よく見ると，細かい動作や表情をしています。

　そういう視点で見てみると，いくつか発見できると思います。それをまねてみるのも，一つの手だと思います。

08 言い方次第で子どもの動きが変わる

ほんのちょっとした言い方の工夫を考えましょう。

昔からベテラン教師たちは，子どもたちの動きを変えるためにさまざまな言い方の工夫をしています。ほんのちょっとした言葉のニュアンスの違いだけで，人は動きやすくなるものです。もちろん，ケースバイケースで使われる言葉ですが，まずは使ってみて，子どもたちの反応を見てみるといいですね。

たとえば，子どもたちの前に立ったときに，いつまでも静かにしなかったとします。そんなときには，大声で怒鳴りつけますか？

緊急の場合は，それもありでしょうが，それでは，あまりにも芸がありませんね。

子どもたちの動きやすい言葉というものが，あるのです。言い方一つで子どもたちは，がらりと変わります。

---

① 「それでは，はじめなさい」

――「よーい，ドン！」

いつでも

「はい，始めなさい。」

ばかりでスタートさせていませんか。それでは，いかにもつまらないですね。

　「よーい，ドン！」

と言うだけで，なんとなく子どもたちは急いでしなければならないような気分になります。計算練習をするときなどには，最適な言葉だと思います。

　僕は，ふだんは

　「よーい，ドン！」

と言いながら，ときたま，

　「よーい。」

と言った後で少し間をおいて，

　「どんなときも，ていねいに書きましょう。」

と言って，子どもたちを笑わせたりします。

　何度もやっていると，子どもたちは引っかからなくなりました。

　実は，そうすることによって，教師の言葉を正しく聞き取ろうとする姿勢もねらっているのです。

┌─────────────────────────────────────┐
│　②　「鼻先をこちらへ向けてごらんなさい」　│
└─────────────────────────────────────┘

　低学年の子どもたちに

　「こちらを向きなさい。」

とか，
　「集中！」
とか言う代わりに，この言い方を使います。この言葉の方が，
具体的な姿が描きやすいのです。

　子どもが前に集中しないときには，指を一本立てて
　「何本？」
と聞きます。
　続いて指を左右に激しく振ってから，ぴたりと止めて
　「今度は，何本？」
と，何回か，クイズのようにします。
　最初は数人しか答えませんが，そのうちに答える子どもたち
が増えてきて，だいたい三回くらいしたら，全員が指に集中し
ます。そこで，
　「ハイ。始めますよ。」
とスタートを切るのです。

　僕は，さらに，高学年では
　「顔と心をそちらに向けて聞きましょう。」
というような言い方をしてきました。
　この「心を向ける」という言葉が，高学年の子どもたちには，
ひびくのです。

③　「口にチャックして」

「静かにしなさい。」
という言葉は，ときには必要でしょう。でも，そういう言葉を
多用すると，よけいに騒がしくなるものなのです。
　できればその言葉は使わないで，違った言い方で子どもの注
意を喚起したいものです。
　「お口にチャック。」
ならば，だれに対しても攻撃的ではない言い方です。なんとな
く楽しいひびきのある言葉です。

　僕が二年生を持っていたときに，とても騒がしい男の子がい
ました。
　「はい。○○君，お口にチャックして。」
と言うと，うれしそうに口に手を当てて，チャックを閉じます。
　ときどき，先生の様子をうかがいながら，わざと口のチャッ
クを外すふりをして見せたりして，僕に注意してもらうことを
楽しんでいました。子どもたちとは楽しいやりとりをしたいも
のですね。
　言葉の使い方一つで，子どもとのコミュニケーションも深ま
るということですね。

---

④　今から，３つの注意をします

　初めから，いくつの注意をするのかということを，子どもたちに示します。

　子どもは，

「先生というものは話し始めると長くなる。」

ということを知っていますから，話を半分くらいに聞いているものです。

　みなさんの子どものころは，そうではありませんでしたか。いつ終わるとも知れない教師の話をじいっと黙って聞いているのは，苦痛ではありませんでしたか。

　初めから「３つの注意」だと分かっていたら，「これで３つ目だから話が終わる」というような見通しがつきますから，子どもたちは聞きやすいものです。

　ただし，３つが限界です。

「今から10個の話をします。」

と言ったら，これは聞けませんね。

　どうしても，５つの注意をしたいときは，一つずつを短くすることです。ぽんぽんとテンポよく注意を出していくことです。ただし，本当に５つも注意が必要かどうかを吟味しないといけません。

　いくつか注意しなければならないときには，僕は

　「2つだけ，注意します。（少し，間をおいて）その後で，
いっぱい注意するけどね。」
と言うと，
　「えーっ，先生，ずるいー。」
と言いながらも，笑って聞いてくれたりします。
　ただし，一学期に一回くらいしか，使えませんよ。

　言い方のバリエーションというものを少しずつ増やしていき
ましょう。
　いろいろな先生方が子どもたちにどんな言い方をしているか
をよく観察して，勉強しましょう。
　漫才やコントを見て，その言葉の使い方から学ぶことも良い
方法だと思います。

コラム1 ｜「マスクの怖さ」

　今はマスクをつけておかないといけないというのは，仕方ないように思えます。

　しかし，マスクが子どもたちにとってどのような危険性があるのかを考えないで，やみくもにマスクをつけなさいというだけではいけないと思うのです。

　マスクは暑いということが一番言われていますが，ずうっとマスクをつけていると，それだけでストレスになります。汚れたままつけている子どもも出てくるので，不潔なものを口にくっつけているということになります。

　話していることがよく聞こえないということもあります。きちんと聞こえないでコミュニケーションがとれるでしょうか？

　それよりも，顔の表情が読めないということが最大の問題です。

　体育の時間にマスクを外させて初めて「こんな顔をしていたんだね」と分かったという話がよく聞かれます。先生が子どもたちを認識できないのです。子どもを読み取ることが，どうしてもうまくいかなくなります。

　さらに，子ども同士でもお互いの表情が読めませんから，相手が何を考えているのか，怒っているのか笑っているのかさえも分からないのです。それでは，子ども同士のコミュニケーションが成り立ちません。

　ソーシャルディスタンスをとってマスクして，まともなコミュニケーションがとれるとは思えません。

第3章

一斉指導の実際

　一斉指導は，特別な方法や型ではない。
指導者の基本的な理念や技術なのだ。
　だから，全ての授業形態にも通じるものがあ
る。
　一斉指導を学ぶことは協同学習や対話的な授
業に必ず活かされる。

01 モジュール型授業を

「モジュールのためのストックを」

モジュール型授業とは，45分間の授業を2つか3つの活動に分けて，組み合わせて授業を行っていく形式の授業のことです。

45分間，子どもが聞いてくれるだけの話術やテクニックには経験が必要です。

若手には絶対的に経験が足りません。45分間，フルに子どもたちを聞かせられるテクニックもカリスマ性もありません。

ですから，授業のどこかに気分転換を促したり

「これ，面白いじゃん。」

と子どもたちが思ったりできるような時間を作りましょう。

そのためのストックを休みの間にいくつも用意して印刷しておけば，しばらくは使えます。

モジュールの例を挙げましょう。

国 語

① 音読や漢字の復習でスタートする。5分〜10分

② 読み聞かせや新出漢字の学習や5分間視写。10分

③　本時の単元の学習。読み取りや作文等。25分〜30分

　「25分や30分で本時の授業ができるのですか？」
という質問をいただくときがありますが，子どもたちが集中できる時間の限界なのです。それ以上やっても効果的とは思えません。そして，30分程度でやらねばならないとなったら，目標が絞り込まれて，かえって子どもにとっては分かりやすいものになるのです。

```
算　数
```

①　計算練習5分。3分で終了，答え合わせを2分。
②　文章題　算数の練習
　算数の練習とは，たとえば，コンパスを習ったら，図形を描く練習をしたり，定規で線を引く練習をしたりする。
③　本時の単元の学習

　いつもいつもこの通りでなくてもいい。ときには，45分間をフルに使ってしなければならないときもあるでしょう。
　しかし，基本的にこういう形でやれば，だらだらと長い時間をかけている感じがなくなります。
　一斉指導は，基本的に子どもたちの自由度は小さい学習ですから，こうしたモジュール型の授業を工夫したいものです。

02 モジュール型授業でのアイデア
―聞いてQ―

　国語のモジュールです。

　「聞いてQ」というもので１０分間，子どもが先生の話を集中してよく聞く習慣をつけましょう。

　「聞いてQ！」

と先生が言うと，子どもたちが国語のノートの最後のページを開いて鉛筆を持ってかまえるようにします。

　そして，文章を読み聞かせして後からの問いに答えます。２回読まないことを徹底します。

　答えを確認してから，読んだところをプリントして配るとほとんどの子どもはもう一度くわしく読みます。

　クイズ番組でもやっているような調子でやるといいですよ。

　ご自分で考えて作ってみてください。

　クイズなのだから，全員が書けるまで待ってあげる必要はありません。成績にも関係ないクイズだということを認識させます。

　その学校で使われている国語の教科書以外の他社教科書を使えば，簡単に作れます。学年としてのレベルも確保できます。

　質問は，聞いていれば答えられるけれども，聞き逃したら分からなくなるものを作りましょう。

03 モジュール型授業に使える ネタ本

モジュールの授業では，ネタが有効です。

●『みみなぞ』（高濱正伸著，草思社）

CDをかけるだけで，5分間の聞くための集中トレーニングができます。レベル①〜③までがあるので，低中高に分けて使えます。

●『新装版 教室で家庭でめっちゃ楽しく学べる国語のネタ63』

（多賀一郎・中村健一著，黎明書房）

国語のネタを集めていますが，教科書の指導にのっとったものに，かなり絞り込んでいます。

●『知っているだけで大違い！ 授業を創る知的ミニネタ45』

（土作彰編著，黎明書房）

単にネタだけではなくて，覚え方や理解のさせ方のちょっとしたネタも入っている，まさしくネタの宝庫です。

国語の指導案（細案）

　国語は典型的な一斉指導の授業の指導案【細案】を示しましょう。5年生の詩『水のこころ』の授業です。ほぼこの指導案の通りに授業は進めることができます。

　特に注目してほしいのは，「展開」の指導上の留意点のところです。

　ここを細かく書いているので，ほぼこの通りに授業を進めることができます。

◆　教材名　『水のこころ』高田敏子〔東京書籍　五年上〕
◆　目　標
　　・詩の世界を読み味わう楽しさを感じる。
　　・作者の言葉の使い方と表現の工夫を読み取り，表現読みに活かすことができる。

◆　指導にあたって
　本教材は，水のありようを表現しながら，「人の心」も同じだと最後にそっと語ることで，読み手に「人の心」のありようを印象付ける詩である。

　「水のこころ」という言葉に引っかかる子どもたちがいるだろう。しかし，この言葉の解釈は，五年生にはやや難しい。何

らかの手立てを打たないと，入り口から，この詩の世界に入り込みにくいだろうと考える。

　まず，短い詩だからこそ，表現された通りに正確に読まないと，詩の世界に入り込めないだろう。特にこの詩は「間」が命だと考えている。正確に音読するというめあてから，「間」をとる表現等に目を止めさせたい。そのときには，子どもたちの反応に応じて読み方も考えさせていきたい。

　続いて，音読，視写，書き込み等を通じて，ひとりで詩に親しみ，詩と向き合う時間を持たせたい。それが，詩を味わうことにつながることだと考えている。

　そして，作者の言う「水のこころ」と「人のこころ」との関係は，可視化することで，理解できるのではないかと考えている。

　五年生との一時間だけでたくさんのことはできないが，言葉や詩の世界を深めていく楽しさに気付いてもらえたらよいと，考えている。

◆　指導計画……全一時間

◆　展開

児童の活動	指導上の留意点
1．詩と出会い，表現された通りに正しい音読の練習をする。	■　机上は，筆箱と教科書のみで，集中させたい。 　子どもが独りで練習する短い時間をとり，自分の読み方をまず，持たせる。

2．5〜6名の指名読を聞き，正しい音読について考える。 　・　間のとり方 　・　ダッシュの意味	■　正しい読み方をしている子どもたちが，どこをどう読んでいるのかを聞き取り，言葉で確かめさせたい。
3．ひとり読みをする。 　①　視写 　②　疑問に思ったこと ※「水のこころ」とは何か？ ※　突然「人のこころ」が出てきたのはなぜか？	■　詩と一人で向き合う時間を大切にしたいが，子どもたちの書く力を把握していないので，子どもの書く様子で時間を調整したい。 　視写の終わった段階で教科書はしまわせる。 ■　詩を読み解くために必要な2つの視点を子どもたちがどう考えているのか，机間巡視で確かめたい。
③　そのほかに思ったこと，感じたことを書く。	■　詩のような文学作品では，個人がどう感じるかということまでは，さわりにくい。今回は，ここで思いを書くことにとどめたい。

4.「水のこころ」とは何かを考え合う。 　※　本当のすがた 　※　水がもともと持っている形 　※　ありのままのようす 　※　水のありよう	■　ここは話し合って，できるだけ子どもの言葉を活かしてまとめたい。 　子どもたちだけでは解きにくい難しい表現である。英訳を示して，考える視点を広げたい。
5.「水のこころ」と「人のこころ」を類比する。 　※　こわい 　※　気持ちよい 　※　冷たい 　※　あたたかい 　※　形を変える 　※　高所から低所へ流れる 　※　どこにでもある 　※　かわく 　※　つかみにくい 　※　さわれない	■　「水のこころ＝水のありよう」の特性をマインドマップで考えてから，「人のこころ」との類比をする。 　作者が，人の心と水とをつなげた意味を考えさせたい。

6. 「人のこころ」を最後に持ってきた作者の意図を考える。 ※「人のこころ」が印象深く残るから ※人の心がつかめないことが，言いたいことだから	■ 作者のレトリックの工夫までには子どもたちの考えが至らないかも知れない。そのときは，きちんと教える。
7. 最後の2行の読み方を考えて表現読みをする。	■ 6で考えたことを音読でどう表現するか，子どもたちにどこまでできるか，楽しみである。最後は，一つの読み方を指導したいと考えている。

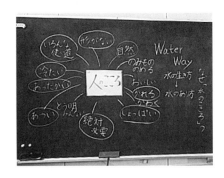

「水のこころ」
マインドマップ板書

算数―授業開き

　4年生の授業開きを紹介します。

　4年生くらいになってくると，

「算数が嫌いだ。」

「できないから，いやだ。」

という子どもたちが増えてきます。

　そうした子どもの思いを引き出しながら，全体の意識へとつなげていく授業です。

> ● めあて……算数とは何か，わくわくさせること。

1 「算数って，なんだ！」

　子どもたちの思いを聞く。

・「難しい」「めんどうくさい」など，否定的なことと，「楽しい」「面白い」などの肯定的なことに分けて板書する。

・「この違いは，どうしておこるんだろう。好きな子と嫌いな子の理由をそれぞれ聞いてみよう。」

とたずねて，子どもたちの理由をじっくりと聞く。自分でなんでそうなったかも考えさせ，嫌いになっていることに問題意識を持たせたい。

2 虫歯の話から，算数の話へと，喩えていく。

◆ 虫歯の話をする	◆ 算数だと，どうなのか
健康な歯は，食べ物がおいしい。	楽しいと，問題解くのも楽しい。
健康な歯は，何でも食べられる。	どんな難しい問題も解ける。
健康な歯は，健康な体を作る。	学校が楽しくなる。問題もすぐ解ける。
スポーツ選手は，健康な歯だ。	算数的な考え方は，かしこくなるための基本だ。

「なぜかというと，算数はね，順番に考えないと分からなくなるでしょ。算数にはきまりがあります。たとえば，『かける』って，どういう意味？　『AとBを合わせる』というときは，何算になるかな？　ね，決まっていることって，あるでしょ。算数が分かるというのは，いろんなことが順番に，きまり通りに考えられるっていうことです。

　難しい言葉で『論理的思考』って，言います。〔「論理的思考」と板書して〕言ってみてごらん。」
と言って三回繰り返して言わせます。

「この『論理的思考』をきたえるのが，算数です。だから，算数はやる気になってすればするほど，賢くなります。算数は，人間を賢くするための勉強ですよ。」

　さて，

◆　虫歯になりかかると	◆　算数がいやになると
痛い・しみる　　➡	授業がつまらない。宿題も時間がかかる。できない。
放っておくと，どうなるか。	
どんどん悪くなっていく。　➡	いろんなテストにつまずく。少しずつ成績が悪くなる。
◆　虫歯だと気づいたら	◆　算数で分からなくなったら
ごまかさず，イヤでも歯医者にかかる。　➡	かくさずに先生に言う。
「なんとか治して下さい。」　➡	「分からないから，なんとかしてください。」

　「算数は，歯といっしょです。　歯は体への入り口にあります。算数は学習への入り口ですよ。

　これから，先生たちといっしょに，賢くなりましょう。

　いや，先生，僕はかしこくなんてならなくてもいいっていう人，いますか。いないでしょ。

　いっしょに賢くなっていこう，そのために先生たちもがんばります。」

　以上が算数の導入の一斉授業です。

06 社会科—高原のくらし

社会科の一斉指導の一例

　発問をたくさん作って，どんどん問いかけていくのがポイントです。

　子どもたちはクイズに答えているような感覚で授業に集中していきます。

　一問一答ですが，これならば間が空かず，集中が続きます。

　実際の授業では，一問多答になります。一つの答えを求めて，子どもたちが意見を出し合っていくのですから。

◇　質問は，簡単なことから次第に難しくしていきます。初めは誰でも答えられるところから出発して，徐々に考えを深めたり，広げたりしていくようにするのです。

◇　同じ主語の繰り返しで述語を変えて考えさせる。聞き方がワンパターンなので，考えがまとめやすいです。ただし，マンネリ化してくるおそれもあります。

◇　一度聞かれたことが，後の質問を考えるときのトレーニングにもなる。ここは大事なポイントで，発問同士は，つながり合っていなくてはなりません。

◇　予想したことを，資料で確かめます。社会科としての大事な学習です。

四年生の「高原のくらし」の一例

① （鉄道の走る野辺山高原の写真を見せて）

発　この写真は，どんなところでしょうか。

　正解はない。地図を見て気づいたことをいろいろと発表することがめあて。いろんなことを資料から見つけ出すトレーニングは，社会科ではとても重要である。

　発問の中には，子どもが自由に思うままに発言するためのものがある。正解のないものは，子どもたちに，

「これは正解はないから，思ったことをそのまま言ったらいいんだよ。」

と，伝えるとよい。

　ただし，写真（資料）を根拠にしないことは，認めない。

②発　この写真は，何県のものだと思いますか？

●　長野県

③発　ここは，野辺山高原といいます。地図帳で確かめてみましょう。

　このときに，地図の見方の復習。

学習活動を指示する発問

④　（「野辺山高原」と書いて）

発「高原」という熟語から，どういう所か，考えてみましょう。

●　「高原」……周りの土地よりも急に高くなっている平地。

⑤発　野辺山高原は，どのくらいの高さにありますか？

●　地図帳の高さの色分けから読み取る。

● 標高 1350 メートル

地図帳の読み方のトレーニング。

　取り立てて地図の読み方を学習することも大切だが，日々の社会科の授業で，何かにつけて地図帳を開いて確かめさせることで，地図の読み方が定着していく。

⑥発　六甲山は，何メートルの高さですか。

自分たちの地域との比較をさせる発問。

社会科では，常に，自分たちの住んでいる地域との比較が大切。

● 地図帳で確認。

標高 931 メートル。931（クサイ）と覚える。

⑦発　「高原野菜」って，聞いたことありますか。

⑧発　「高原野菜」を食べたことありますか。

⑨発　白菜は，「高原野菜」だと思いますか。

　⑨から⑮までは，主語だけを替えていく発問。

全ての子どもが答えられて，しかも，考えなければならない発問になる。

⑩発　大根は，「高原野菜」だと思いますか。

⑪発　白菜は高原野菜だと思いますか？

⑫発　キュウリは，「高原野菜」だと思いますか。

⑬発　なすびは，「高原野菜」だと思いますか。

⑭発　トウモロコシは，「高原野菜」だと思いますか。

⑮発　レタスは，「高原野菜」だと思いますか。

⑯発　「高原野菜」とは，どんな野菜だと言えばいいでしょうか。

ノートにまとめなさい。

● まとめたら，発表

● 高原で作られる野菜のこと。

⑰発　高原で作るのにてきした野菜を考えるために，まず，高原の特徴を考えましょう。

高原の気候とは，どんな気候でしょうか。

※自分の知っていることやここまでの学習をもとにして，予想させるための発問。

⑱　（高原の気候の特徴を記録した資料を配布して，ノートに貼る）

発　高原の気候は何だとまとめればいいですか。ノートに書きましょう。

● 発表してまとめる。夏でも涼しい（気温が低い）ということがポイント

⑲　（高原を鉄道が走っている写真を掲示して，写真から分かることを発表させた後）

発　鉄道が通ることと，高原野菜とどう関係があるのですか。

鉄道で高原野菜を運んだという，流通に目を向けさせる発問。どうしても野菜の栽培の方に目が向きがちなので，違う視点を持たせることが必要である。

⑳発　現在は，鉄道とは違うもので野菜を運んでいます。何を使っていると思いますか。

● 車，トラック，道路

（ここでは，道路網の発達や輸送技術の進歩などは，詳しく教える必要はない。）

㉑ （「昭和 35 年頃からレタス，キャベツ等の高原野菜が新た
　に導入され，今もさかんに高原野菜が作られ続けています。」
　という部分をフラッシュカードで示し）

発　なぜこのころから，新しい高原野菜がたくさん作られるよ
　うになっていったと思いますか。ノートにまとめなさい。

※自分の考えをまとめる発問。こういうときは，言語化させな
　いと，適当な考えしか持てなくなる。そうすると，他者の意
　見に対して，いいかげんなところで「いっしょだよ」と言っ
　てしまうことになる。

㉒　（話し合って，自分たちの考えを作る。まとまってから，資
　料を提示して，自分たちの考えと比較する。）

発　君たちの考えと，この資料とを比べてみよう。

● （資料）……昭和 35 年頃から日本人の生活が変化してサラダ
　等の洋風料理がたくさん食べられるようになった。サラダに
　使われるレタス等の野菜が高冷地の気候にとても適している
　ことが分かって，八ヶ岳の野辺山高原で作られるようになっ
　た。

　　資料を読み取らせて，自分たちの考えと比較する発問。

　　自分たちの考えを固めてから，資料と比較することがポイ
　ント。

●　食生活の変化で，サラダなどで野菜がたくさん食べられる
　ようになったから。

●　交通の発達により，どこへでも早く大量に送れるようになっ
　たから。

第4章

学級づくりと国語

　国語の授業は，毎日，年間 200 時間ある。

　しかも，国語の授業には，学級づくりに必要な要素が山ほど入っている。

　その時間に何をするかで，学級に影響が出るのは，当たり前だ。

国語と学級づくりの関連

　国語の授業づくりは，学級づくりとどう関連性があるので
しょうか。

　国語では，

　・人の話を聞くこと

　・人に話すこと

を教えます。

　それから，表現力を育てる，つまり，思いを人に伝えられる
ように教えます。

　そして，文章などを読み取る力，聞き取る力をつけるように
します。

　一方，学級が育つには，次のようなことが必要です。

◆　子ども同士のコミュニケーションがうまくいっている。

　子ども同士がきちんとしたコミュニケーションがとれないと
きに，いじめが起こったり，仲の良くないクラスになったりし
ます。

　これはつまり，お互いの話を聞くこと，伝えるために話すこ

とが大切だということです。

◆　クラスがヒーリングの場になる

　というのは，どういうことかと言うと，25年前の阪神大震災のことを思い出します。

　あの直後に，僕は毎日，子どもたちの作文を中心にして，どんなくらしをしているのか，お互いの交流をはかりました。

　そのとき，文集を配ったら，子どもたちは黙って友達の文を読んでいました。一言も発せずに，読んでいました。

　それは，友達の思いを必死で受け止めようとする姿でした。教室には，しんとした中にも穏やかで温かい空気が流れました。

　まさしく，学級は，ヒーリング（癒やし）の場になっていたのです。

　このように，仲間の思いを聞き取る，読み取るのも国語の力です。

　国語でしっかりと力をつけていけば，それが学級づくりにつながっていくということです。

　国語教室が担う学級づくりで，もっとも大切なのが，「聞くこと」です。「聞くこと」こそが，全ての基本だと考えて下さい。

　その「聞くこと」について，少し話をしましょう。

　「聞くクラス」とは，どんなクラスでしょう。先生の話すこ

とに，じいっと耳を傾ける。友達の語ることに，たとえそれが
つたない表現であっても，どんな子どもが発言していても，一
生懸命に聞こうとする。そういうクラスのことです。人の話を
聞こうとすることは，その人の思いを受け止めようとすること
です。

　それができたら，学級崩壊なんて，起こるはずがありません。

　僕は，聞くことこそが，学級教育で一番大切なことだと思っ
ています。

　「聞く」ルールのある学級づくり。ということも，必要です。
簡単なことでいいんですよ。

　僕のクラスでは，前章でも書きましたが，

　「人が話すときは，顔と心をそちらに向けて聞く」というこ
とがルールでした。

　また，聞かないことに対しては，厳しさも必要です。僕は厳
しいです。「人の言うことは真剣に聞け」と言います。言い直
しはしません。他の友達に聞こうとすると，また叱られます。

　「友達が話を聞かないから分からないことを，教えてあげる
な。それは親切ではなく，意地悪だ。友達を人の話の聞けない
人間にしてしまうことだから。君はひどいことをするなあ。」
などと言います。

　さらに，聞かないときは，話さない，ということを徹底して
います。聞けない状態になっているときは，

　「静かにしなさい。」

などとは言わずに，待ちます。

　ただし，黙って，話している子どもを指さして，

　「今,先生の話よりも大事なことがあるのかな。言ってみて。」

とたずねたりします。聞かないということを許さないのです。

　学級の聞き方というのは，まずは，先生の話を子どもたちが

聞く，一人の子どもの言葉を全員が聞くという一対多としての

聞き取り方ですね。

　これは，集団の聞き方なのだから，学級集団づくりに大きく

関わってくるところです。

　友達の話をどれだけ一心に聞き取ろうとしているか。

　それによって，学級の育ちが分かります。

　一斉授業というのは，　これが基本です。

　聞くクラスにしたら，後は何をやってもうまくいくと僕は

思っています。

コラム2 「看板にこだわる」

　超ベテランの教師たちと話したとき,「看板にこだわりすぎる」という話になりました。

　学校として,各教室に「話し方あいうえお」とか「聞き方あいうえお」なるものを掲示しておく,これが看板です。他にもたくさんの掲示物がぺたぺたと貼りだされている教室を見かけます。

　ときには看板は有効な手立てにもなりうるものです。

　しかし,貼ったら安心してしまい,貼りっぱなしにしたまま何の指導もなされないままに過ごしてしまうというようなクラスをよく見かけます。

　何のために貼っている看板なのでしょうか?

　掲示している内容を子どもたちの中に落とし込んでいかないといけません。貼っていることを日々解説したり,子どもたちと一緒に音読したりすることをしていけば,子どもたちの中に定着していきます。

　完全に定着したら,看板は下ろしたらいいのです。

　「学級目標」という看板も,教室にただ掲げているだけでは,何の意味もありません。

　その目標に到達するために何をしていくべきかと考えさせたり,それができたかどうかを週ごとに確認する場を設けたりしなければ,ただ掲示しているだけということになるのです。

　意味のある掲示をしましょう。

第5章

教師の発する
魔法の言葉

　言葉には Magic がある。
　「魔法の言葉」という言い方がときどき使われる。
　子どもには Magic のようにすとんと入る言葉がある。
　魔法のような力がある。
　たった一言で，子どもの人生に影響を与えてしまうようなことがあるのが，教師の発する言葉の凄いところであり，怖いところでもある。

言葉は「掛ける」もの

　言葉は掛けるものです。

　「掛ける」という動作には，「ふとんを掛ける」「餡を掛ける」というように「おおう」という意味があります。動作としては，激しいものではありません。

　ふんわりとおおうという感じです。

　言葉を投げつけるように激しく使う人もいますが，物事を制止するとき以外は，効果的ではありません。

　言葉掛けも，ふんわりとおおうような気持ちでしてほしいものです。

---

①　マイナスの Magic もある

　言葉がけは，プラスのことばかりではありません。

　僕のクラスで毎日日記を書き続けていた子どもが，クラス替えして新しい担任の先生のところに日記を持っていったら，

　「くだらないことを，だらだら書いてくるな。」

と，言われました。

　彼は，二度と日記を書くことはありませんでした。

　教師は，一言で子どもを簡単に潰してしまえるということですね。

②　言葉にはニュアンスがある

　同じ言葉であっても，教師の考えた通りに子どもに伝わっているとは限りません。言葉にはニュアンスというものがあるのです。

　たとえば，

　「ないものは，ない。」

という言葉。

　これは，

　「キャンプ場にはなんでもありますか。」

と聞かれたことに対する答えであれば，二重否定で，「なんでも，ある」ことの強調になります。

　しかし，

　「本当にお前のロッカーに入ってないのか。」

と聞かれたときの答えであれば，「絶対にない」と，なさを強調している言い方になるわけです。

　このように，言葉というものは，使うときのニュアンスによって，とらえ方が違ってくるものです。

　子どもに対する言葉がけも，自分の発する言葉が，自分の思い通りに伝わっているかどうかを考えておかねばなりません。

③　言い方で変わる

　まさしく言葉を掛ける言い方だと，やわらかく伝えられるで

しょうが，厳しく冷たく突き放したような言い方だと，その逆になってしまいます。

「いいかげんにしなさい。」
という言葉で考えてみましょう。

強い調子でなじるように言えば，「これ以上そのことをするのは認められない」というように，叱っている言葉掛けになります。

また，笑いながら穏やかに言えば，制止するというほどの気持ちはなくて，子どものすることを楽しんで見ているというメッセージになるでしょう。親しみを表す言葉掛けになります。

そして，あまりにも熱心に気をぬかずにがんばっている子どもに，ちょっと力を抜いた方がよいとアドバイスするときの「いいかげんにしなさい」は，語りかけるような言い方になるでしょうね。

同じ言葉でも，場面によってニュアンスや意味が変わるということです。

④　表情で判断する

言葉掛けが教師の考え通りに伝わっているかどうかは，子どもの表情で判断しなければなりません。

言葉は掛けっぱなしではいけないのです。その後の子どもの行動や表情を追いかけて，必要に応じてフォローしていくことも，大切です。

　子どもは本音を言葉で語ることは少ないのですが，表情や行動をよく観察していけば，本音がかいま見えるものなのです。

言葉を準備できないときがある

　いつもじっくりと考えて準備しておくことができたら，子どもに適切な言葉を掛けやすいでしょう。「こういう子どもには，このような言葉掛けをすればよいだろう」と，言葉を練ることもできるでしょう。

　しかし，学級というところは，日々，ハプニングの連続です。予定外のことがたくさん起こります。そして，その多くは，後回しにできず,その場で言葉掛けをしなければならないことが，ほとんどです。

　そのときに，教師の考え方や人間性のようなものが，全て出てしまうこともあります。

　人間としての限界もありますから，そのときには適切な言葉掛けのできないこともあります。それは仕方ありません。後でフォローの言葉掛けをするということを，考えておけばよいでしょう。

　教え子と話していると，よく，

　「僕は，多賀先生にこんなことを言われた。」

ということを言われます。

　けれども，ほとんどの場合，僕の覚えていないことばかりな

のです。

　6年生のときに，父親のいないことで「自分は人間としてだめなんだなあ」と，やけになっていた子。ほかの先生から厳しく叱責されて，

　「お前は将来，ろくな人間にならない。」

と言われたので，職員室にやってきて，

　「僕は，将来，だめな人間になりますか。」

と，僕にたずねたんだそうです。

　そのとき，○付けをしていた僕は振り向きもせずに，

　「うーん。君は大丈夫やで。」

と言ったのだそうです。

　それを聞いた彼は，

　「多賀先生がそう言うんなら，おれは大丈夫なんやな。」

と，納得して気が晴れたそうです。その言葉に救われたと言ってくれました。

　そんな言葉を子どもたちは，30年以上も覚えているものなのです。

　自分は，全く覚えていませんが，そういう「言葉掛け」もあるということなのです。

　そのときに僕が

　「ああ。君はそういうところがあるなあ。」

などと言っていたら，どうなっていたのでしょうか。

　今考えると，ぞっとします。

第6章

若手からの質問に
答えて

「若手のための小部屋」という Facebook 上で
のグループを作り，若手からの質問を受け付け
ている。

　ベテランでは当たり前だと思っていることで
も若手には？　と思うことが多い。

　しかし，若手からの質問に答えることを通じ
て今の課題というものが見えてくる。

　本当に必要なものが見えてくる。

Q1 最初の音読教材を どうしたらいいですか？

A

光村『きつつきの商売』

東書『すいせんのラッパ』

等は，最初に音読の楽しさを味わって一年間の音読指導に
もつなげていくものです。

　しかし，いきなり音読は控える状況ですから厳しいです
よね。

　国語の最初の文学教材なんだから，楽しさが一番です。

※　コミカル描き文字（マンガ風フォント）というものが
あります。

　微音読で場面ごとに読ませてから
　「この様子（音）は，どんな音だろうか？　コミカル絵文字で描いてみようか。」
と問いかけてノートなどに描かせます。
　電子黒板やプロジェクターで作品を見せてどれがぴったりかなあと考えさせます。
　本来，音読で表現読みするところを，絵文字にして表現することで，イメージをふくらませることができます。
　まずは，自分でもやってみるといいですね。

※場面を確認するために
　「場面って，どんな条件で分けられるかな。紙芝居で考えると分かりやすいよ。」
と言って，場所，時間，人物，内容等の条件の変化によって場面が分けられていることを確認していきます。
　そのうえで，
　「この場面では，条件のうちの何が変わったの？」
と問いかけていき，子どもたちに考えさせます。
　一年間の文学教材の学習における場面の考え方につながっていきます。
　とりあえず，こういうアイデアが考えられます。

Q2 時間の差をどうしたらいいですか？

A

　算数の授業をしていると，時間のかかる子とそうでない子の差が開いてしまい，早くできた子に合わせていくと，理解できていない子が分からずに授業を終えてしまうということがあり，なんとかしたいと考えています。

　もし，良い対応があれば教えていただきたいです。

① 授業の目標設定をどの辺りの子どもたちに置くのかということを，考えること。

② 45分間の授業の全部で一つのことを追いかけると，子どもたちの差が広がりやすいのです。30分くらいの設定にして，できた子どもは，次の課題を自分で選んでやっていくようにするといいです。本当は，できた子どもができていない子どもを教える，学び合いにするとよいのです。が，一斉指導しかできないような状況なので，先生が残った子どもたちを指導していくしかないですね。

③ フルにやっていくのならば，短い時間で立ち止まって，全員ができるまで待ちます。少しの時間なら待てます。一つ一つを確認しながら，進めていくのです。短い時間を繰り返して待たせていくというわけですね。

　僕は，②のやり方を勧めます。

Q3 授業のルーティーンを作るときに 気を付けることは？

A

　授業のルーティンを作るためには，モジュール型を中心にして授業をしていきます。

　特に，聞くための教材を持ち込んで，毎日十分近くは聞くことのトレーニングをしています。

　さらに，メインの授業での僕のルーティンというか，決まりに近いものがあるとすれば……。

　まず，国語の時間は基本的にノートは取りません。

　僕が指示したことだけをノートに取ります。

　特に板書を写すだけのノート取りは，一切しませんでした。

　自分の考えをはっきりするために，ノートに書くことはします。

　新年度に担任した子どもたちには，一年生以外は，ノートを取る子どもと取らない子どもが混在しています。

　授業を始めると，板書したことを全て何も考えずにノートに取っていく子どもたちが多数いるものです。

　そういう子どもたちには，何も言わずにそのままにさせておきます。

　そして，いろいろな意見が出てきたら，全てを同じように反応しながら板書していきます。正しいことも正しくな

いことも，同じようにするのです。

　最初のうちは，一生懸命に板書を写していた子どもたち
も，書くことが十個くらいを超えてきたら，「ん？」と
なって，

　「先生，それはどれが正しいの？」
と，聞いてきます。

　そこで，
　「知らないよ。」
と答えると，

　「えーっ，そんな無責任な！」
と言い出します。

　そのときに，
　「では，これが正しい。」
と，どう考えても違うだろうというものに二重丸をつける
のです。

　子どもたちは
　「もういいです。自分たちで考えるから……。」
と言い出します。

　こういうことを繰り返していると，
　「この先生は自分たちで考えないと，相手してくれな
い。」
ということが分かっていきます。

　ノートは指示したときしか取らないというルーティン
ですが，

「なんのために，そうするのか？」
ということを常に意識させています。

同じく，ルーティンとしてのノートの取り方について

　社会科は，ノートを開いて鉛筆を持った状態で授業に臨ませます。

　そして，字の丁寧さは一切問わずに，ひたすら，ノートに書きながら授業を受けていきます。

　・授業中に疑問に思ったこと。

　・一つ一つのことについての感想。

　・板書で大事だと思ったこと。

等を書きながら授業を受けていくようにします。

　ふり返りでは，途中で疑問に残ったことに対して，解決したかどうかを書きます。

　どのようなノートがよいのかは，ときどき集めたノートによいところを書き込んであげたり，優れたノートやちょっとおもしろい工夫のあるノートをコピーして

　「こんなすごいノートの取り方があるよ。」

　「こういうことを書くといいんだね。」

と，教室に掲示して示します。

　吹き出しを使ったり，いろいろなカラーを工夫したりしてノートを個性的に作らせていきます。

Q4 説明文の題名読みは，なぜ必要なのですか？

A

　図書室へ行って，物語を探すときは，「どんな本を読もうかなあ？　なにか面白い物語はないかなあ」と探しますよね。

　一方，説明文を探して図書室に入った人は，「なにか面白い説明文はないかなあ」等とは考えません。

　調べたいことに関連した書物を探します。

　「お米に関する説明文はないかなあ。」

　「ロボットについてもう少し詳しく調べたいんだけど……。」等というように。

　従って，説明文のタイトルを見て，その本に何が書いてあるのかをだいたいつかめないと，探せなくなります。

　『コメはどこから』とか『米の歴史』だとか，『ロボット工学の進展』とか『ロボットスーツの変遷』だとかいうように。

　つまり，説明文は，まずタイトルから，何を書いてあるかを推測する姿勢が重要なのです。説明文の導入で題名読みをさせるのには，そういう意図があるからです。

　実際，文学教材のタイトルは『お手紙』『スイミー』『ちいちゃんのかげおくり』『ごんぎつね』『あめ玉』等とタイトルだけで中身を想像できるものが少ないのに対し，説明文は『じどう車くらべ』『たんぽぽのちえ』『アリの行列』『生き物は円柱形』等とタイトルから中身を想像できるものが多いのです。

Q5 「言葉の使い方」について，ふだんから心がけることや，お薦めの本は？

A

　言葉の使い方の勉強については，新聞の一面のコラムを読みましょう。

　あの欄は，記者の中でも，かなりベテランで優秀な人にしか書かせないところです。

　新聞社を代表して書かせるのですから，当然のことですよね。

　『天声人語』や『余録』などがありますが，いろんなジャンルのことについて，金言や詩をまじえながら語っています。

　それから，言語感覚を磨くなら，詩集を読むことです。

　『日本の名詩』とか『子どもといっしょに読みたい詩』なんかもいいでしょう。

　谷川俊太郎『これが私の優しさです』
　『萩原朔太郎詩集』『ランボオ詩集』『田村隆一詩集』
　『詩のこころを読む』茨木のり子
等を読んで，自分の気に入った詩をノートに書写して持っておくなどもいいですね。

Q6 書くことが苦手な児童への指導は？

A

　書くことは，学年が上がるにつれてハードルも高くなってゆき，書ける子どもと書けない子どもとの差が大きくなっていきます。

　書く力は簡単にはつきません。

　作文を書くための力というものよりも，簡単な問いに答えて書くことのできる力というものを考えてみましょう。

---

①　書けるための体力がいります。

　鉛筆を持って，10分以上書き続ける体力です。思ったことを書くとかいう以前に，書き続ける気力もなければ，話になりません。

　その力をつけるためには，毎日，10分間ずつ名文を書写させることです。

　文章を書き写すことを，毎日10分間ずつ繰り返せば，3か月もすれば自然と書く体力につながっていきます。

②　書こうという気持ちにさせること

　課題が小さくステップを切られていたら，書きやすくなります。

　課題が大きくて原稿用紙1枚（400字以内）等と，書く量がたくさん示されたら，それだけで，書こうという意欲は半減してしまいます。

　書く欄も大きく取りすぎると，それだけ書かないといけないと思うだけで，書くことの苦手な子どもにはハードルが上がります。

③　モデルを示す

　いくつかの書くモデルやヒントを全体で出させて板書しておきます。

　それで，

「この中から選んで書いてもいいし，自分の言葉で書いてもいいよ。」

と伝えます。

　真似ることは，学ぶに通じることだから，真似たらよいと教えればいいのです。

④　個別対応

　書けない子どもと書ける子どもとは，かなりの格差があります。

　書けない子どもには，

・書きだし方が分からない。

・考えがまとまらない。

・書くことに自信がないために，こんなこと書いてもいいのかという迷いがある。

等というように，個々によって理由が違っています。

　そばに行って，対話しながら，子どもから言葉を引き出して

「それを書いてみよう。」

と促していくのです。

Q7　作品の主題をどう考えますか？

A

　優れた文学作品は，正しく書いてある通りに読み取れば，自ずから作者の主張するテーマへ導かれるものだと思います。

　ですから，最後に教師が主題について解説して終わる等という指導は，愚の骨頂だと思います。

　高学年では，作者の主張（主題）を読み取って，それに対する批評文を書かせるのもいいでしょう。

　また，作品にはその作品で学ぶべきことというものが，主題とは別にあります。

　たとえば，『大造じいさんとガン』においては，優れた情景描写がたくさん出てきます。

　その表現の一つ一つを押さえていくことで，人物の心情をとらえていくということの方が，主題に近づくことよりも，重要です。情景描写というものを学ぶのに最適な教材です。

　この作品を通じて，学ぶべきものは何か？

　どんな言葉の力をつけていくのか？

と考えて教材研究をしていくべきでしょう。

Q8 辞書の引き方指導で効果的な方法はありますか？

A

　辞書引きそのものに意味を見出す深谷さんのような辞書引き学習というのも意義があると思っています。

　僕は基本的に常に用意しておいて，授業中に活用することが，子どもたちの実際に役立つと考えています。

　授業中では，何種類かの辞書を用意したいものです。

　そうすれば，重要な言葉にいきあたったときに，複数の辞書を引かせて，そこに書いてあることの違いから，この場合の意味はどれかということを考えさせることができます。案外，書いてあることは微妙に違っていて，

　「この場合はどれが適当なのだろうか？」

と考えることが文章の読み取りにも語彙の広がりにもつながると思っています。

　また，アクティブ・ラーニングのような学習の場合，本文で重要な表現や語句をあらかじめシートに書いておきます。

　それを知っていたら◎をつけるだけでいいし，知らなかったり，辞書で調べたり友達に聞いたりして確かめるということも，いいでしょう。

　五分間の辞書引きゲーム，大いにいいんじゃないですか。

Q9 指示待ちにならず，自発的に行動で
きる子どもを育てるためには？

A

　日常の指導において，一番大切な事は「待つ」ということ
です。

　何かを指示したときに，すぐに行動できる子どもとそうで
はない子どもがいます。

　そのときに，反応の遅い子どもを待つことができないと，
考えている途中で指導が入るので，子どもが自分で考え切る
ことができなくなります。

　この「考え切る」ことが重要です。

　教師は常に子どもが自分で考える時間をしっかりととれる
ように，待つこと。

　そして，子どもが間違いを認識できるようにすることです。

　それは，間違いは誰にでもあるというようなおためごかし
ではなくて，間違いこそ，進歩するために大切なことである
という信念が必要なのです。

　間違えて，さらに自分で考えることの繰り返しが指示待ち
にならない子どもを育てる第一歩だと考えます。

　さらに，選択肢をいくつか用意して，自分でやり方を考え
させるのもよいでしょう。

「自分で選んだ。」
という思いが自主的な思考につながります。

Q10 学級通信を毎週出していますが，どんなことを書けばいいですか？

A

　まずは，何のために出しているかを考えるべきです。子どもたちの交流をうながし，お互いの思いを知らせることが大切ですから，たとえ一言ずつでも，子どもたちの言葉を載せていくことです。

　学校，クラスのコロナ対策としてやっていることを，毎回，一つずつコーナーみたいにして書いていくのはどうでしょうか。

　子どもたちの楽しい様子をメモしておいて，誰がと特定しなくてもいいから，書きましょう。通信はおうちの方も読むのですから。

　オススメの本のコーナーを作り，漫画もどんどん紹介するのもありですね。

　やはり，子どもたちの書いたものをコメントつけて出すのが一番だと思います。

　YouTube などで，小島よしおや中田あっちゃんたちのやっている，面白い学びのサイト等を先生が見ての感想を添えて紹介するのもありです。ともかく，楽しいことを中心に発信することが大切だと思います。

著者紹介

多賀一郎

　神戸大学附属住吉小学校を経て，私立小学校に長年勤務。現在，追手門学院小学校。専門は国語教育。元日本私立小学校連合会国語部全国委員長。年間100回以上，公私立校で指導助言をしている他，親塾等で保護者教育に力を注いでいる。また，教師塾やセミナー等で，教師が育つ手助けをしている。絵本を通して心を育てることをライフワークとして，各地で読み聞かせの活動もしている。

主な著書

『クラスを育てる作文教育』『小学1～6年の学級づくり＆授業づくり12か月の仕事術（ロケットスタートシリーズ）』（編著）『ヒドゥンカリキュラム入門』『大学では教えてくれない保護者対応』以上，明治図書。『小学生保護者の心得　学校と一緒に安心して子どもを育てる本』小学館。『女性教師の実践からこれからの教育を考える』（共著）『問い続ける教師』（苫野一徳との共著）以上，学事出版。『一冊の本が学級を変える』『孫子に学ぶ教育の極意』『多賀一郎の荒れない教室の作り方』『きれいごと抜きのインクルーシブ教育』（南惠介との共著）『改訂版　全員を聞く子どもにする教室の作り方』『一人ひとりが聞く子どもに育つ教室の作り方』『危機に立つSNS時代の教師たち』以上，黎明書房。他，多数。

＊イラスト：伊東美貴

若手教師のための一斉授業入門

2020年9月1日　初版発行

著　　者	多賀　一郎
発行者	武馬　久仁裕
印　　刷	株式会社　太洋社
製　　本	株式会社　太洋社

発行所　　　　　株式会社　黎明書房

〒460-0002　名古屋市中区丸の内3-6-27　EBSビル　☎052-962-3045
FAX 052-951-9065　振替・00880-1-59001
〒101-0047　東京連絡所・千代田区内神田1-4-9　松苗ビル4階
☎03-3268-3470

多賀一郎・山本純人・長瀬拓也著　　　　　　　　　　　A5判・124頁　1800円

言葉と俳句の力で心が育つ学級づくり
言葉を大切にする子どもの育て方

言葉を大切にした授業や学級は，子どもの「聞く」「伝える」「想像する」力を高めます。言葉を大切にする子どもの育て方の手順を丁寧に紹介。

多賀一郎著　　　　　　　　　　　　　　　　　　　　A5判・132頁　1800円

今どきの１年生まるごと引き受けます
入門期からの学級づくり，授業，保護者対応，これ１冊でOK

１年生の担任を何度も経験した著者が１年生やその保護者への関わり方を丁寧に紹介。子どもの受け止め方や授業の進め方など，１年を通して使えます。

多賀一郎著　　　　　　　　　　　　　　　　　　　四六判・157頁　1700円

今どきの子どもはこう受け止めるんやで！
親と先生へ伝えたいこと

「読み間違えやすいのは，いじめられている子どもの『笑い』です」など，読者をハッとさせる子どもの受け止め方を詳述。

堀裕嗣・多賀一郎・中村健一・長瀬拓也著　　　　　　A5判・125頁　1900円

一流教師が読み解く 教師力アップ！ 堀裕嗣・渾身のツイート30

実力派スター教師・堀裕嗣の思考が凝縮されたツイート30を厳選！　教育の現場で突き当たる壁を乗り越えるための，深遠かつ詩的な堀裕嗣の教育ツイートを，三世代の一流教師が読み解く小・中学校教師必読の書。

多賀一郎・石川晋著　　　　　　　　　　　　　　A5判上製・153頁　2200円

教室からの声を聞け

北と西の実力派の教育実践家２人が，子どもの声を聞き理想の教室をつくる道筋を，自らの生き様や教育の場での生々しい事例などを交えながら，対談と論考を通し本音で語り合う，現場教師必読の書。

多賀一郎著　　　　　　　　　　　　　　　　　　　A5判・134頁　1700円

子どもの心をゆさぶる多賀一郎の国語の授業の作り方

教育の達人に学ぶ①　子どもの目がきらきら輝く教材研究の仕方や，発問，板書の仕方などを詳述。また，学校で困っていることに対して大きな力を発揮する，本を使った学級教育のあり方を紹介。

多賀一郎・堀裕嗣著　　　　　　　　　　　　　　　　A5判・143頁　2100円

国語科授業づくりの深層

当代きっての小・中学校の教育実践家が，「国語学力」「教材研究」「文学教育」「言語教育」のあり方や自らの授業づくりの神髄を語る。子どもに真の国語学力をつけたい教師必読。深層シリーズ第１弾！

表示価格は本体価格です。別途消費税がかかります。

多賀一郎・堀裕嗣著　　　　　　　　　　　　　　　　　　　A5判・162頁　2200円

学級づくりの深層

日本の教育現場をリードする二人が，いじめの報道の姿勢や，スーパーティーチャーの限界等，「学級づくり」という視点で今日の教育現場の重要課題について縦横無尽に語る。好評『国語科授業づくりの深層』に続く，第2弾！

多賀一郎・堀裕嗣著　　　　　　　　　　　　　　　　　　　A5判・167頁　2200円

教師のための力量形成の深層

教師人生を，勘違いに陥りやすい20代，分岐点となる30代，人間形成の40代，自分の力をどう使うか考える50代と位置づけ，教師の力量形成を考察。読書，手帳による力量形成にも言及。深層シリーズ第3弾！

土作彰編著　　　　　　　　　　　　　　　　　　　　　　A5判・102頁　1700円

知っているだけで大違い！ 授業を創る知的ミニネタ45

子どもも教師も笑顔になれる，国語・算数・理科・社会の「授業に使えるミニネタ」33種と「学級経営と授業をスムーズに流せるようになるネタ」12種を紹介。経験の浅い，若い先生の役に立つネタ満載。すぐ使えます。

梶川高彦・中村健一 編著　　　　　　　　　　　　　　　　A5判・93頁　1600円

崩壊学級担任を救う33の方法＆つぶす13の方法

「学級崩壊の立て直し」ではなく，「崩壊学級担任の救出」を目的にした本。学級崩壊しても，病休に入らず，辞めずに1年間生き抜く方法を紹介。また，崩壊学級担任をつぶしかねない，崩壊学級担任に決してしてはいけないことも詳述。

中村健一著　　　　　　　　　　　　　　　　　　　　　　B5判・62頁　1700円

新装版　クラスを「つなげる」ミニゲーム集 BEST55+α

クラスをたちまち1つにし，先生の指示に従うこと，ルールを守ることを子どもたちに学ばせる，最高に楽しくておもしろい，今どきの子どもたちに大好評のゲーム55種を厳選。2色刷。同名書籍のの新装版。

中村健一・武馬久仁裕著　　　　　　　　　　　　　　　　四六判・163頁　1700円

子どもも先生も感動！
健一＆久仁裕の目からうろこの俳句の授業

目の覚めるような俳句の読み方・教え方がこの1冊に。楽しい俳句の授業のネタの数々と，子どもの俳句の読み方などを実例に即してわかりやすく紹介。

中條佳記著　　　　　　　　　　　　　　　　　　　　　　B6判・92頁　1400円

表ネタが通用しない場面へ投入！
授業づくりの裏ネタ38 ＆使えるアイテムネタ4

各教科の授業を盛り上げ，知識の定着を図る，普通のネタよりも強力な授業づくりの裏ネタを38種厳選収録。アイテムネタも4種紹介。